DANIEL SIQUEIRA
Organizador

Novena de Nossa Senhora das Graças
ou Nossa Senhora da Medalha Milagrosa

Direção editorial: Pe. Fábio Evaristo R. Silva, C.Ss.R.
Coordenação editorial: Ana Lúcia de Castro Leite
Copidesque: Luana Galvão
Revisão: Denis Faria
Diagramação e Capa: Mauricio Pereira

Textos bíblicos extraídos da *Bíblia de Aparecida*, Editora Santuário, 2006.

ISBN 978-85-369-0487-0

4ª impressão

Todos os direitos reservados à **EDITORA SANTUÁRIO** — 2024

Rua Pe. Claro Monteiro, 342 – 12570-045 – Aparecida-SP
Tel.: 12 3104-2000 – Televendas: 0800 016 00 04
www.editorasantuario.com.br
vendas@editorasantuario.com.br

Nossa Senhora das Graças ou Nossa Senhora da Medalha Milagrosa

A devoção a Nossa das Graças ou da Medalha Milagrosa tem sua origem na França, na primeira metade do século XIX. Os acontecimentos que levaram ao surgimento desta devoção ocorreram em Paris, no ano de 1830, quando a então noviça da Congregação das Filhas da Caridade, Catarina Labouré, após participar de um retiro, realizou uma profunda experiência de Deus. Durante a madrugada, enquanto dormia, a jovem noviça foi acordada por uma voz infantil, que dizia: "Irmã Labouré, vem à capela, Nossa Senhora te aguarda". Ao acordar, ela percebeu uma envolvente e intensa luz emanando de um menino que estava perto de sua cama. Ela decidiu segui-lo e foi até a capela do convento, onde pela primeira vez lhe apareceu a Virgem Maria, envolvida por uma forte luz. Na aparição, Nossa Senhora disse à jovem noviça que tempos sombrios de sofrimento e perseguição viriam sobre a França, mas afirmou que todos que buscassem a graça de Deus teriam forças suficientes para passar por esses tempos de tormenta; como a jovem deveria viver e portar-se; e, por último, pediu a Catarina para relatar esses acontecimentos a seu confessor. Em seguida, desapareceu.

Após esses acontecimentos, a jovem noviça continuou normalmente sua vida, até que, na tarde do dia 27 de novembro de 1830, novamente a Virgem Maria apareceu a Catarina. Nessa aparição, Nossa Senhora estava sob um grande globo segurando um globo menor. De repente a imagem se modificou, e Nossa Senhora ficou com as mãos abertas e, em seu entorno, apareceu a frase: "Oh Maria, concebida sem pecado, rogai por nós que recorremos a vós". Em seguida, a Virgem deu instruções a Catarina pedindo-lhe para cunhar uma medalha, onde estivesse a representação daquela imagem que ela via. Disse que todos que a usassem receberiam muitas graças. Posteriormente, a Virgem Maria desapareceu.

Quando Catarina relatou a seu confessor essas aparições de Nossa Senhora, ele não acreditou, mas decidiu fazer uma rigorosa investigação sobre os fatos. Depois disso, em 1832, ele levou o relato ao conhecimento do Arcebispo de Paris, que mandou então cunhar medalhas, conforme a descrição feita por Catarina. Assim teve início a devoção a Nossa Senhora das Graças e a sua Medalha Milagrosa, que se espalhou por todo o mundo. A irmã Catarina Labouré morreu em 1876, aos 70 anos, e, somente no final da vida, escreveu sobre o que lhe ocorrera. Foi beatificada em 1933 e canonizada pelo Papa Pio XII em 1947. Vamos rezar a Nossa Senhora pedindo que interceda por nós e nos alcance as graças necessárias para lidarmos com os sofrimentos e as tribulações da vida.

Oração inicial

Em nome do Pai † do Filho e do Espírito Santo. Amém.

Diante de vós, Deus-Pai, eu me coloco neste momento, pedindo que por intercessão de vossa filha predileta, Maria Santíssima, possais vir a meu encontro e atender a prece e a súplica que neste momento vos apresento. Que Maria, a Mãe do belo amor, meu socorro e minha intercessora, invocada como Nossa Senhora das Graças, possa sempre estar junto de mim, principalmente nos momentos mais difíceis e sombrios de minha vida.

Ó Maria, Mãe das graças, a vós que sois a Mãe do Salvador, Jesus Cristo, peço que olheis sempre para mim, com vosso olhar maternal, e amparai-me em todos os momentos de minha vida, para que com vossa graça seja esmagada toda a forma de maldade, que possa ameaçar minha vida. Que eu possa viver e permanecer sempre em vossa graça e chegar até vosso Filho Jesus. Amém.

Oração final

Termino esta novena me dirigindo a vós, ó Pai, rezando e pedindo pela minha família e pelas pessoas com as quais convivo e que tanto amo. Rogo-vos que possais ampará-las, concedendo-lhes toda sorte de bênções. Isso hoje vos peço rezando como vosso Filho nos ensinou: Pai nosso, que estais nos céus...

Quero falar também, mais uma vez, bem de perto do coração de Maria, minha mãe, pedindo sua intercessão, rezando: Ave, Maria, cheia de graça...

Virgem Santa, que quisestes que o mundo todo conhecesse as abundantes graças das quais Deus-Pai, em sua infinita bondade, quis cumular o mundo, peço que, por meio de vossos braços abertos, possais me acolher em vosso amparo maternal e ouvir minha súplica. Que, ao contemplar e venerar vossa Medalha Milagrosa, eu possa experimentar a salvação que vem de vosso Filho Jesus. Amém.

Que pela intercessão de Nossa Senhora das Graças, venham sobre mim e sobre toda a humanidade as graças e as bênções de Deus Pai † Filho e Espírito Santo. Amém.

1º Dia

Mãe de misericórdia

1. Oração inicial *(p. 6)*

2. Palavra de Deus *(Jo 2,1-11)*

No terceiro dia, houve uma festa de casamento em Caná da Galileia e lá se encontrava a mãe de Jesus. Também Jesus foi convidado para a festa junto com seus discípulos. Faltando o vinho, a mãe de Jesus lhe disse: "Eles não têm mais vinho". Respondeu-lhe Jesus: "Mulher, que importa isso a mim e a ti? Minha hora ainda não chegou". Sua mãe disse aos serventes: "Fazei tudo o que ele vos disser". Havia lá seis talhas de pedra, destinadas às purificações dos judeus. Cada uma delas podia conter cerca de dois ou três barris. Disse Jesus aos serventes: "Enchei de água as talhas". Eles as encheram até a boca. Disse-lhes então: "Tirai agora e levai ao mestre-sala". Eles levaram. O mestre-sala provou a água transformada em vinho, e não sabia donde viera aquele vinho, embora o soubessem os serventes que haviam tirado a água. (...)

– Palavra da Salvação!

3. Refletindo a Palavra

Nas bodas de Caná, podemos ver a participação efetiva de Maria no projeto da Salvação oferecido por Deus. Ela é a primeira a perceber a necessidade das pessoas, levando-a a seu filho Jesus, que, a partir daquele momento, começa a manifestar os sinais do Reino de Deus. Ao longo da história, principalmente nos momentos de grande dor e sofrimento, Maria nunca abandonou seus filhos. Em diversas ocasiões, Nossa Senhora se manifestou à humanidade, trazendo sempre uma mensagem de consolo e de esperança, pedindo aos homens e às mulheres que se convertessem e voltassem para Deus. Assim como nas bodas de Caná, Maria aponta-nos o Cristo, que é a origem e fonte da salvação.

4. Súplica a Maria

Mãe de Deus e minha Mãe, assim como nas bodas de Caná, quero que vós possais também interceder por mim, pedindo a Deus aquilo que está faltando para a minha vida. Que eu possa a cada dia seguir vosso conselho vivendo e fazendo tudo aquilo que Jesus disse. Amém.

5. Oração final *(p. 7)*

2º Dia

Consolo dos aflitos

1. Oração inicial *(p. 6)*

2. Palavra de Deus *(2Cor 1,3-5)*
Bendito seja o Deus e Pai de nosso Senhor Jesus Cristo, o Pai misericordioso e Deus de toda a consolação, que nos consola em toda a nossa aflição, a fim de podermos também nós consolar os que se acham em qualquer aflição com a consolação com que somos consolados por Deus! Com efeito, assim como os sofrimentos de Cristo são muitos em nós, assim também, por meio de Cristo, é grande nossa consolação.
– Palavra do Senhor!

3. Refletindo a Palavra
Deus, em sua infinita bondade e misericórdia, jamais abandona seus filhos e suas filhas muito amados. Sobretudo nos momentos mais sofridos e dolorosos da vida, sua presença se mostra mais

próxima. Em Deus, é grande nosso conforto e nossa consolação. Somos convidados a nos abandonar em seu amor e em sua misericórdia. Santa Catarina Labouré experimentou essa consolação em sua vida, especialmente quando, aos nove anos, perdeu sua mãe, encontrando o consolo em Deus e tomando a bem-aventurada, Virgem Maria, como sua mãe e protetora. Desde o início de sua vida, Catarina sempre viveu uma grande proximidade com Deus e com Nossa Senhora.

4. Súplica a Maria

Ó Mãe das graças, vós que sois nosso perpétuo socorro, que eu possa sempre encontrar consolo e conforto em vossos braços misericordiosos, principalmente nas horas mais difíceis de minha vida, nas quais, muitas vezes, não tenho a quem recorrer senão a vós. Amém.

5. Oração final *(p. 7)*

3º Dia

Mistério de Deus

1. Oração inicial *(p. 6)*

2. Palavra de Deus *(Ap 12,1-6)*
Um grande sinal apareceu no céu: uma Mulher vestida com o sol, tendo a lua sob os pés e uma coroa de doze estrelas na cabeça. Estava grávida e gritava de dor, angustiada para dar à luz. Apareceu ainda um outro sinal no céu: um enorme Dragão, cor de fogo, com sete cabeças e dez chifres, e sobre as cabeças sete diademas; sua cauda arrastou um terço das estrelas do céu, atirando-as sobre a terra. O Dragão parou diante da Mulher que estava para dar à luz, para engolir seu filho, logo que nascesse. Ela deu à luz um filho, um menino, aquele que vai governar todas as nações com cetro de ferro. Mas seu filho foi arrebatado para junto de Deus e de seu trono. E a Mulher fugiu para o deserto, onde Deus lhe havia preparado um refúgio, para que lá fosse alimentada durante mil e duzentos e sessenta dias.
– Palavra do Senhor!

3. Refletindo a Palavra

Na noite de 18 de julho de 1830, a jovem noviça Catarina já se encontrava dormindo em sua cela, quando, de repente, ouviu uma voz infantil. A jovem despertou e viu perto de sua cama um menino que a chamava para ir até a capela. Por um instante, Catarina hesitou em se levantar, mas acabou seguindo o menino que ia irradiando uma luz brilhante por onde passava. Catarina, mesmo titubeante e sem entender o que lhe acontecia, abriu-se àquele mistério em sua vida, como fez Maria, que se tornou instrumento da ação amorosa de Deus no mundo ao se confiar a Ele, deixando-o conduzir sua vida.

4. Súplica a Maria

Ó Mãe das graças, ensinai-me a ser dócil e disponível ao chamado do Senhor. Concedei-me vosso auxílio para discernir os apelos de Deus em minha vida e para alcançar um dia servi-lo plenamente como vós o fizestes. Amém.

5. Oração final *(p. 7)*

4º Dia

Mãe do bom conselho

1. Oração inicial *(p. 6)*

2. Palavra de Deus *(Lc 1,26-33)*

No sexto mês, o anjo Gabriel foi enviado por Deus a uma cidade da Galileia, chamada Nazaré, a uma virgem, noiva de um homem, de nome José, da casa de Davi; a virgem chamava-se Maria. Entrando onde ela estava, disse-lhe o anjo: "Alegra-te, ó cheia de graça, o Senhor é contigo". Ao ouvir tais palavras, Maria ficou confusa e começou a pensar o que significaria aquela saudação. Disse-lhe o anjo: "Não tenhas medo, Maria, porque Deus se mostra bondoso para contigo. Conceberás em teu seio e darás à luz um filho e lhe porás o nome de Jesus. Ele será grande e será chamado Filho do Altíssimo. O Senhor Deus lhe dará o trono de Davi, seu pai, e ele reinará para sempre na casa de Jacó. E seu reino não terá fim".

– Palavra da Salvação!

3. Refletindo a Palavra

No relato da anunciação, descobrimos que Maria se assustou diante do projeto que Deus tinha para ela e ficou sem entender o mistério que ali se apresentava. Assim também aconteceu com Catarina Labouré, quando, na noite de 18 de julho de 1830, foi acordada pela criança que, com rosto e voz angelicais, chamava-a. Em companhia da criança, ela adentrou a capela, ajoelhou-se e viu que tudo estava iluminado. Foi então que lhe apareceu a Virgem Maria. A jovem, por alguns instantes, colocou-se a contemplá-la. Em seguida, Maria a acolheu e dirigiu-lhe alguns conselhos.

4. Súplica a Maria

Nossa Senhora, minha amada Mãe, vós sempre fostes disponível aos desígnios divinos e, mesmo sem entender o que estava acontecendo, aceitou ser a mãe do Salvador. Suplico-vos a graça de também, em minha vida, ser disponível para fazer a vontade de Deus e para acolher seus desígnios com fé e esperança. Amém.

5. Oração final *(p. 7)*

5º Dia

Maria, nossa corredentora

1. Oração inicial *(p.6)*

2. Palavra de Deus *(Jo 19,25-27)*
Junto à cruz de Jesus estavam de pé sua mãe, a irmã de sua mãe, Maria, mulher de Cléofas, e Maria Madalena. Jesus, vendo sua mãe e, perto dela o discípulo que ela amava, disse a sua mãe: "Mulher, eis aí teu filho". Depois disse ao discípulo: "Eis aí tua mãe". E, desta hora em diante, o discípulo acolheu-a em sua casa.
– Palavra da Salvação!

3. Refletindo
Maria esteve presente em todos os momentos da vida de Jesus. Por ter participado diretamente da redenção, que se concretizou em Jesus, Maria é chamada de corredentora. Ela está sem-

pre nos apontando seu Filho e quer que todos experimentemos a salvação, que Jesus veio nos trazer. É por isso que, em tantas ocasiões da história, Maria se manifestou a seus filhos pedindo-lhes que se voltassem para Deus. Para Catarina Labouré, a Virgem Maria ensinou-lhe como deveria se portar, dando-lhe uma missão; falou-lhe sobre os tempos difíceis e sombrios que viriam pela frente e sobre como as pessoas poderiam passar incólumes por essas turbulências por meio da oração.

4. Súplica a Maria

Maria, vós que tanto cooperastes no projeto da salvação, tornando-vos nossa corredentora, peço-vos que seja sempre minha Mãe de misericórdia, meu eterno apoio e consolo. Que com vosso auxílio eu possa sempre viver na graça de Deus, sendo testemunha fiel de Jesus Salvador. Amém.

5. Oração final *(p. 7)*

6º Dia

Felizes os que confiam em Deus

1. Oração inicial *(p. 6)*

2. Palavra de Deus *(Jo 16,1-4)*
Disse Jesus: "Eu vos disse isto para eu não ser motivo de queda para vós. Vão expulsar-vos das sinagogas. Mais ainda: virá a hora em que todo aquele que vos matar vai pensar que está prestando um serviço a Deus. Vão fazer isso porque não conheceram o Pai nem a mim. Mas eu vos disse isto, para que, quando chegar a hora deles, vos lembreis das coisas que eu vos tinha dito. Não vo-lo disse desde o início porque eu estava convosco".

– Palavra da Salvação!

3. Refletindo a Palavra
Desde o início, Jesus disse a seus discípulos

que segui-lo não seria fácil: eles teriam de enfrentar contrariedades, incompreensões, perseguições e, até mesmo, a morte por causa do Reino. Foi isso que aconteceu ao longo dos séculos, quando muitos cristãos derramaram seu sangue como testemunhas fiéis de Jesus e do Reino, que Ele anunciou. Tal como Nossa Senhora havia dito a Catarina Labouré, algum tempo após sua aparição, a França foi agitada por uma revolução que derrubou a monarquia. Nessas revoltas alguns manifestantes anticlericais profanaram igrejas, perseguiram e mataram muitos membros do clero. Em 1870, a situação se complicou, e a revolta conhecida como "Comuna de Paris" provocou o assassinato do Arcebispo de Paris. Em todos esses acontecimentos, a comunidade das Filhas da Caridade, à qual pertencia Santa Catarina Labouré, e a dos Padres Lazaristas, apesar do medo e da apreensão, nada sofreram, pois confiavam na intercessão materna de Maria, que nunca deixou um filho desamparado.

4. Súplica a Maria

Ó Virgem Santa, que com amor materno e filial estivestes junto das Filhas da Caridade nos momentos de grande perigo, peço-vos que também possa estar junto de mim principalmente nas horas mais difíceis de minha vida. Que vós possais, nesses momentos, carregar-me em vosso colo de Mãe. Amém.

5. Oração final *(p. 7)*

7º Dia

A graça que vem de Deus

1. Oração inicial *(p. 6)*

2. Palavra de Deus *(Jo 3,16-21)*

"Com efeito, Deus tanto amou o mundo que lhe deu seu Filho unigênito, para que não morra quem nele crê, mas tenha a vida eterna. Pois Deus não mandou seu Filho ao mundo para condenar o mundo, mas para que por meio dele o mundo seja salvo. Quem nele crê não é condenado. Mas quem não crê já está condenado, porque não creu no nome do Filho unigênito de Deus. E o julgamento é assim: a luz veio ao mundo, mas os homens preferiram as trevas à luz, porque suas obras eram más. De fato, todo aquele que faz o mal odeia a luz e dela não se aproxima, para que suas obras não sejam desmascaradas. Mas quem pratica a verdade aproxima-se da luz, para que transpareça que suas obras são feitas em Deus".

– Palavra da Salvação!

3. Refletindo a Palavra

Nesse trecho do Evangelho, Jesus fala sobre as promessas de Deus a seu povo e que nele se concretizam. Diz que será salvo todo aquele que acreditar em Deus, cujo infinito amor concede a nossas vidas um sentido pleno. Catarina Labouré acreditou e teve fé. Novamente, na tarde do dia 27 de novembro de 1830, durante um momento de oração, Nossa Senhora apareceu à jovem. Nessa aparição, a Virgem Maria estava de vestido branco, com um véu sobre a cabeça e um manto azul. Nas mãos ela trazia uma esfera, que era uma representação do globo terrestre. Usava anéis dos quais saíam raios brilhantes. Nossa Senhora disse que aqueles raios eram as graças que ela derramava sobre todos os que a ela se dirigiam. De repente, por detrás da imagem, apareceu uma estrutura oval de fundo brilhante, onde estava escrito: "Ó Maria concebida sem pecado, rogai por nós que recorremos a vós". Essa estrutura girou e, em seu verso, tinha uma letra M e uma cruz. Segundo o relato da Irmã Catarina, nessa hora, ouviu-se uma voz dizendo: "Manda cunhar uma medalha a partir da imagem que vês. Todos os que a usarem receberão grandes graças".

4. Súplica a Maria

Maria Santíssima, minha amada Mãe, diante de vossa infinita misericórdia quero, hoje, pedir-vos que possais derramar a vossa graça sobre nosso mundo, tão assolado por tantos males. Peço-vos que estenda vosso manto protetor sobre aqueles que, diante de tantas dores e tantos sofrimentos, estão aos poucos perdendo a fé: que com vosso auxílio alcancem recobrar a esperança e reencontrem o grande sentido da vida, que é Jesus, vosso Filho. Amém.

5. Oração final *(p. 7)*

8º Dia

Mãe das graças

1. Oração inicial *(p. 6)*

2. Palavra de Deus *(Lc 1,46-55)*
Disse então Maria: "Minha alma engrandece o Senhor e meu espírito se alegra em Deus, meu Salvador, porque Ele olhou para sua humilde serva; pois daqui em diante todas as gerações proclamarão que sou feliz! Porque o Todo-Poderoso fez por mim grandes coisas e santo é seu nome. De geração em geração se estende sua misericórdia sobre aqueles que o temem. Demonstrou o poder de seu braço e dispersou os que pensam com soberba. Derrubou os poderosos de seus tronos e elevou os humildes. Enriqueceu de bens os famintos e despediu os ricos de mãos vazias. Socorreu seu servo Israel, lembrando-se de sua misericórdia, como havia prometido a nossos pais, a Abraão e a seus filhos para sempre".
– Palavra da Salvação!

3. Refletindo a Palavra

O cântico do Magnificat é um hino de agradecimento a Deus por seu infinito amor para com a humanidade. Nele, Maria louva e lembra toda a ação de Deus no decorrer da história da salvação. Deus nunca abandonou seus filhos e suas filhas, manifestando sua misericórdia a todas as gerações. A jovem irmã Catarina Labouré relatou a seu diretor espiritual todas as coisas que com ela haviam se passado. Após acompanhar por dois anos a jovem, o padre Jean Marie Aladel levou o fato ao conhecimento do arcebispo de Paris, atestando a veracidade das aparições. O Arcebispo então mandou cunhar as primeiras duas mil medalhas com a imagem que irmã Catarina havia descrito. Assim teve início a devoção a Maria sob título de Nossa Senhora das Graças, também conhecida como Nossa Senhora da Medalha Milagrosa. Desde então, foram relatadas inúmeras graças atribuídas a Virgem Maria. O Santuário da Medalha Milagrosa, que está em Paris, na França, é ainda hoje visitado por muitos devotos do mundo todo.

4. Súplica a Maria

Virgem Santa, minha Mãe, que em minha vida eu possa louvar a Deus de todo o coração e cantar as maravilhas que o altíssimo realiza na história da salvação, assim como vós o fizestes. Que jamais eu me esqueça do imenso amor que o Pai tem por mim e que eu possa sempre corresponder a este infinito amor. Amém.

5. Oração final *(p. 7)*

9º Dia

Mãe do silêncio

1. Oração inicial *(p. 6)*

2. Palavra de Deus *(Lc 2,16-20)*

Os pastores foram depressa e encontraram Maria, José e o menino deitado no presépio. Quando o viram, contaram o que lhes fora dito a respeito daquele menino. E todos os que ouviam se admiravam das coisas que lhes diziam os pastores. Maria, porém, conservava todas estas recordações, meditando-as em seu coração. Depois, os pastores voltaram glorificando e louvando a Deus tudo o que tinham ouvido e visto, conforme o que lhes fora dito.

— Palavra da Salvação!

3. Refletindo a Palavra

Em várias passagens de seu Evangelho, quando se refere a Nossa Senhora, Lucas usa a expressão "ela guardava tudo em seu coração", querendo dizer que Maria acolhia tudo de forma silenciosa e, em tudo, enxergava a ação de Deus. Maria nunca se engrandeceu; assumiu sempre uma postura humilde e servidora. Essa mesma atitude podemos perceber na vida da irmã Catarina Labouré, que jamais revelou tudo aquilo que com ela aconteceu, nem se engrandeceu achando-se privilegiada. Por 46 anos foi uma religiosa que viveu no anonimato, cumprindo suas funções e vivendo com simplicidade, enclausurada no convento. Somente no final de sua vida, meses antes de sua morte, ela escreveu tudo o que com ela acontecera. Catarina morreu em 1876. Seu corpo se mantém até hoje incorrupto. Foi canonizada em 1947 pelo Papa Pio XII.

4. Súplica a Maria

Minha querida Mãe, Nossa Senhora, vivestes a simplicidade, sendo silenciosa e guardando tudo em seu coração. Que a partir de vosso exemplo eu possa também viver em minha vida a humildade e o silêncio, permanecendo fiel a vosso Filho Jesus. Que tudo que eu realizar e proclamar seja sempre para a maior glória de Deus, nosso Pai. Amém.

5. Oração final *(p. 7)*

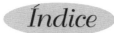

Índice

Nossa Senhora das Graças ou Nossa
Senhora da Medalha Milagrosa......................... 3

Oração inicial 6

Oração final 7

1º dia: Mãe de misericórdia 8

2º dia: Consolo dos aflitos 11

3º dia: Mistério de Deus................................. 13

4º dia: Mãe do bom conselho 15

5º dia: Maria, nossa corredentora.................. 17

6º dia: Felizes os que confiam em Deus 19

7º dia: A graça que vem de Deus.................... 22

8º dia: Mãe das graças 25

9º dia: Mãe do silêncio................................... 28

Este livro foi composto com as famílias tipográficas Calibri e Bellevue
e impresso em papel Offset 75g/m² pela **Gráfica Santuário.**